猫とフランス語

酒巻洋子

SANSHUSHA

眉間にしわを寄せて勉強することだけが、フランス語学習ではありません。

時には猫の写真とともにフランス語を学んではいかがでしょうか？

とはいえ、本書に出て来るフランス語のフレーズは、

人間にそのまま使える言い回しや慣用句、ことわざなどです。

したがって、言うなれば猫はただの"だし"みたいなものですが、

細かいことは気にせずに、猫のようにゆるりとお楽しみください。

いつの間にか、頭の中にあるフランス語の語彙が増えていることでしょう。

Sommaire

Chapitre 1　子猫とフランス語

01　おチビちゃん。　Petit bout de chou.　010

02　そっくり。　Se ressembler comme deux gouttes d'eau.　011

03　ちっともじっとしていない。　Tourner comme un écureuil en cage.　012

04　とても小さい。　Grand comme la main.　013

05　ぎゅうぎゅう詰め。　Être serrés comme des sardines.　014

06　グルである。　Être dans la combine.　015

07　食欲旺盛。　Avoir beaucoup d'appétit.　016

08　ここだけの話。　Entre nous.　017

09　若気の過ちは大目に見るべき。　Il faut que jeunesse se passe.　018

10　欲に頂きなし。　L'appétit vient en mangeant.　019

11　チームを組んで。　En équipe.　020

12　素知らぬ顔。　Faire l'innocent.　021

13　十人十色。　Tous les goûts sont dans la nature.　022

14　蓼食う虫も好き好き。　Chacun son goût.　023

15　便乗する。　Prendre le train en marche.　024

16　おとなしい。　Sage comme une image.　025

17　空腹に耳なし。　Ventre affamé n'a pas d'oreilles.　026

18　安心しきって。　En toute confiance.　027

19　まとわりつく。　Être dans les jupes de sa mère.　030

20　舌舐めずり。　Se lécher les babines.　031

21　首に抱きつく。　Se pendre au cou.　032

22　時間はたっぷりある。　Avoir tout le temps.　033

23　順番に！　Chacun son tour !　034

24　とても退屈。　Ennuyeux comme la pluie.　035

25　また始まった。　C'est reparti pour un tour.　036

26　鬼ごっこ。　Jouer au chat et à la souris.　037

27　小腹がすいた。　Avoir un petit creux.　038

28　お手のもの。　À son affaire.　039

29　好敵手。　À bon chat, bon rat.　040

30　疲れ果てた。　À bout de course.　041

#	日本語	フランス語	ページ
31	忍び足で。	À pas de loup.	042
32	必要は発明の母。	Nécessité est mère d'invention.	043
33	仲良し。	Être bien ensemble.	044
34	楽しそうね。	Ne pas s'ennuyer.	045
35	タイミングが悪い。	Ça tombe mal.	046
36	成長しすぎ。	Pousser comme un champignon.	047
37	平穏に暮らす。	Se la couler douce.	050
38	すべてのことを考えることはできない。	On ne saurait penser à tout.	051
39	一発お見舞い。	Donner un coup de poing.	052
40	取っ組み合い。	Corps-à-corps.	053
41	触らぬ神にたたりなし。	Ne réveillez pas le chat qui dort.	054
42	優雅な生活。	C'est la vie de château.	055
43	何も言わないのは同意のしるし。	Qui ne dit mot consent.	056
44	急ぐことはない。	On prendra bien le temps de mourir.	057
45	仲直り。	Donner le baiser de paix.	058
46	時間に几帳面。	Être réglé comme une horloge.	059
47	つきまとう。	Coller au cul.	060
48	気にしない。	S'asseoir dessus.	061
49	大あくびをする。	Bâiller comme une huître.	062
50	くつろぐ。	À l'aise.	063
51	心地よい。	Il fait bon.	064
52	険悪なムード。	Il y a de l'orage dans l'air.	065
53	どっちつかず。	Le cul entre deux chaises.	066
54	とっても幸せ。	Être aux anges.	067

Colonne

猫の各部分の名称	028
猫に話しかける①	048
猫に話しかける②	068

Sommaire

Chapitre 2 　成猫とフランス語

01　些細なことは気にしない。　Ne pas faire de détail.　072
02　洞察力がある。　Avoir des yeux de lynx.　073
03　おふざけ。　Faire son numéro.　074
04　爪を隠す。　Faire patte de velours.　075
05　空中で。　Entre ciel et terre.　076
06　ぼんやり。　Être dans les nuages.　077
07　甘え上手。　Être chatte.　078
08　犬猿の仲。　Être comme chien et chat.　079
09　首を長くして待つ。　Attendre avec impatience.　080
10　頭から突っ込む。　Piquer une tête.　081
11　穴があったら入りたい。　Ne plus savoir où se fourrer.　082
12　かくれんぼ。　Jouer à cache-cache.　083
13　耳をそばだてる。　Dresser l'oreille.　084
14　身を縮める。　Faire le gros dos.　085
15　万事順調！　Ça baigne !　086
16　ケンカを売る。　Chercher la bagarre.　087
17　つま先立ちで。　Sur la pointe des pieds.　088
18　急いては事を仕損じる。　Demain il fera jour.　089
19　狙いを定める。　Viser le but.　092
20　待ちぼうけ。　Poser un lapin.　093
21　一目瞭然。　Être comme le nez au milieu de la figure.　094
22　留守をすると居場所を取られる。　Qui va à la chasse perd sa place.　095
23　不公平。　Ce n'est pas juste.　096
24　ご機嫌。　Être de bonne humeur.　097
25　何にでも手を出す。　Toucher à tout.　098
26　差し向かいで。　En tête-à-tête.　099
27　血は争えない。　Bon sang ne peut mentir.　100
28　唖然。　Rester assis.　101
29　平気の平左。　Ça ne m'empêche pas de dormir.　102
30　美しくなるには苦労がつきもの。　Il faut souffrir pour être belle.　103

31	縦に並んで。	À la file.	104
32	無精者。	Ne pas se faire d'ampoules aux mains.	105
33	とても清潔。	Propre comme une écuelle à chat.	106
34	青春真っ盛り。	Être dans la fleur de l'âge.	107
35	見かけにはよらない。	L'air ne fait pas la chanson.	108
36	身も心も軽い。	Avoir des ailes.	109
37	とぼける。	Ne faire semblant de rien.	112
38	用心深く。	Marcher sur des œufs.	113
39	一目散に逃げる。	Fuir sans regarder derrière soi.	114
40	不安定。	Être comme l'oiseau sur la branche.	115
41	互角の勝負。	Faire jeu égal.	116
42	距離を置く。	Garder ses distances.	117
43	待てば海路の日和あり。	Tout vient à point à qui sait attendre.	118
44	怠け者。	Avoir un poil dans la main.	119
45	腹が出る。	Avoir de la brioche.	120
46	二重顎。	Avoir un menton à double étage.	121
47	何もしない。	Se croiser les bras.	122
48	鼻が利く。	Avoir le nez fin.	123
49	五里霧中。	Être dans le brouillard.	124
50	無駄骨。	Chercher une aiguille dans une botte de foin.	125
51	どこにでも首を突っ込む。	Mettre son nez partout.	126
52	丹念に。	Avec amour.	127
53	丸くなって。	En boule.	128
54	沈黙は金なり。	Le silence est d'or.	129

Colonne		
	猫の毛色&種類	090
	猫的しぐさ①	110
	猫的しぐさ②	130

Chapitre 1

Les chatons et le français

[レ・シャトン・エ・ル・フランセ]

子猫とフランス語

chaton [シャトン] (*m.*) 子猫

01 chatons

おチビちゃん。

Petit bout de chou.
［プティ・ブー・ドゥ・シュー］

petit［プティ］　小さな、かわいい
bout de［ブー・ドゥ］(m.)　少しの〜
chou［シュー］(m.)　キャベツ

直訳
わずかなキャベツ(キャベツから赤ちゃんが生まれるというイメージから)。

生まれたばかりの子猫は眼も開いていません。

chatons 02

そっくり。

Se ressembler comme deux gouttes d'eau.
[ス・ルサンブレ・コム・ドゥー・グット・ドー]

se ressembler [ス・ルサンブレ] 互いに似ている
comme [コム] 〜のように　deux [ドゥー] 2つの
goutte d'eau [グット・ドー] (*f.*) 水滴

直訳
2つの水滴のように似ている。

生後2週間までの子猫たちは、見分けがつかないこともしばしば。

03 *chatons*

ちっともじっとしていない。

Tourner comme un écureuil en cage.
[トゥルネ・コム・アン・ネキュロイユ・アン・カージュ]

tourner [トゥルネ] 回る　écureuil [エキュロイユ] (*m.*) リス
en [アン] 〜の中で　cage [カージュ] (*f.*) 檻

直訳
ケージの中のリスのようにせわしなく動く。

子猫たちの集合写真なんて、まったく無理な話です！

chatons 04

とても小さい。

Grand comme la main.
［グラン・コム・ラ・マン］

grand ［グラン］ 大きい
main ［マン］（f.） 手

手のように大きい。

子猫の大きさと言ったら、まさに手の平サイズ。

05 chatons

ぎゅうぎゅう詰め。

Être serrés comme des sardines.
[エトル・セレ・コム・デ・サルディーヌ]

être serré [エトル・セレ] 締め付けられる
sardine [サルディーヌ] (f.) イワシ（この場合はイワシの缶詰 sardines en boîte [サルディーヌ・アン・ボワット]を意味します）

直訳 缶詰のイワシのように密集している。

子猫たちはよく寄り集まって寝ているものです。

chatons 06

グルである。

Être dans la combine.

[エトル・ダン・ラ・コンビーヌ]

être [エトル] 〜である、〜にいる　dans [ダン] 〜の中に
combine [コンビーヌ] (f.) たくらみ
　　　　（combinaison [コンビネゾン] (f.) の略）

直訳
たくらみの中にいる。

子猫たちは一体何をたくらんでいるのかしら。

07 chatons

食欲旺盛。

Avoir beaucoup d'appétit.
[アヴォワール・ボクー・ダペティ]

avoir [アヴォワール] 〜がある
beaucoup de [ボクー・ドゥ] たくさんの〜
appétit [アペティ] (*m.*) 食欲

子猫たちの食欲と言ったら、まるで底なしです！

chatons 08

ここだけの話。

Entre nous.
［アントル・ヌ］

entre ［アントル］　〜の間
nous ［ヌ］　私たち

ひそひそと子猫たちは何を話しているのでしょう。

09 chatons

若気の過ちは大目に見るべき。

Il faut que jeunesse se passe.

[イル・フォ・ク・ジュネス・ス・パス]

Il faut que [イル・フォ・ク] 〜すべきだ
jeunesse [ジュネス] (*f.*) 若さ
se passer [ス・パセ] 過ぎ去る

若さは過ぎ去るべきもの。

いたずら盛りの子猫たちです。

chatons 10

欲に頂きなし。

L'appétit vient en mangeant.
［ラペティ・ヴィヤン・アン・マンジャン］

appétit ［アペティ］(*m.*)　食欲
venir ［ヴニール］　来る　　manger ［マンジェ］　食べる
en mangeant ［アン・マンジャン］　食べながら（ジェロンディフ）

食欲は食べるほどに出てくる。

母猫の上にのって母乳を飲んでいる子猫もいますよ。

11 chatons

チームを組んで。

En équipe.
［アン・ネキップ］

en ［アン］ 〜で
équipe ［エキップ］（f.） グループ

子猫同士にも相性があるようです。

chatons 12

素知らぬ顔。

Faire l'innocent.

［フェール・リノサン］

faire ［フェール］ 〜ように振る舞う
innocent ［イノサン］（*m.*） 無実の人

直訳
無実の人のように振る舞う。

子猫なら何でも許してしまいそう。

13 chatons

十人十色。

Tous les goûts sont dans la nature.
[トゥー・レ・グー・ソン・ダン・ラ・ナテュール]

tout [トゥー]　すべての（複数形 tous [トゥー]）
goût [グー]（*m.*）好み　　être [エトル]　～である
nature [ナテュール]（*f.*）自然

直訳
すべての好みは自然にある。

子猫といえども毛色から顔つき、性格まで
それぞれの違いがはっきりしてくる頃です。

chatons 14

蓼(たで)食う虫も好き好き。

Chacun son goût.
［シャカン・ソン・グー］

chacun ［シャカン］ それぞれ
son ［ソン］ その　　goût ［グー］（*m.*）好み

直訳
それぞれ好みがある。

動くものなら虫でも捕獲してしまう子猫ながら、
果たして美味しいのでしょうか？

15 chatons

便乗する。

Prendre le train en marche.
［プラーンドル・ル・トラン・アン・マルシュ］

prendre ［プラーンドル］ 乗る　　train ［トラン］(*m.*) 列車
marche ［マルシュ］(*f.*) 歩くこと、進行
en marche ［アン・マルシュ］ 進行中の

直訳
走行中の列車に乗る。

取っ組み合っている子猫に手を出しているのは誰ですか？

chatons

16

おとなしい。

Sage comme une image.
[サージュ・コム・ユン・ニマージュ]

sage [サージュ]　賢明な、おとなしい
image [イマージュ] (f.)　絵、イメージ

絵のようにおとなしい。

子猫たちが静かになったということは、お昼寝の時間です。

17 chatons

空腹に耳なし。
Ventre affamé n'a pas d'oreilles.
［ヴァントル・アファメ・ナ・パ・ドレイユ］

ventre ［ヴァントル］(*m.*) 腹
affamé ［アファメ］ 飢えた、ひもじい
ne ～ pas ［ヌ・～・パ］ ～ない
avoir ［アヴォワール］ ～がある
oreille ［オレイユ］(*f.*) 耳

空腹時の子猫たちには、何を言っても無駄というもの。

chatons 18

安心しきって。

En toute confiance.
[アン・トゥート・コンフィヤーンス]

tout [トゥー] すべての（女性形 toute [トゥート]）
confiance [コンフィヤーンス] (f.) 信頼

膝の上で寝ている子猫の寝顔といったら、天使のようです。

猫の各部分の名称

人間にも使う単語もありますが、動物特有の言い方をする部分もあります。
猫の各部分を表すフランス語を見てみましょう。

queue [クー] (*f.*) 尻尾

corps [コール] (*m.*) 体
dos [ド] (*m.*) 背

poil [ポワル] (*m.*) 毛
poil court [ポワル・クール] (*m.*) 短毛
poil long [ポワル・ロン] (*m.*) 長毛

patte de derrière [パット・ドゥ・デリエール] (*f.*) 後脚

griffe [グリフ] (*f.*) 爪
coussinet [クスィネ] (*m.*) 肉球

félin [フェラン]、féline [フェリーヌ]　ネコ科の、猫の
mâle [マール] (*m.*)　オス
femelle [フメル] (*f.*)　メス

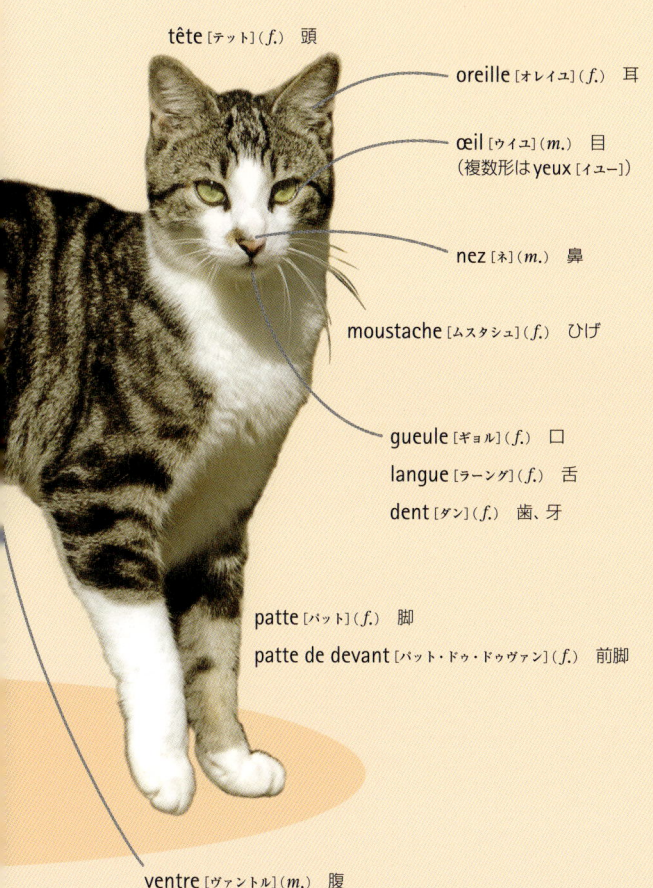

tête [テット] (*f.*)　頭

oreille [オレイユ] (*f.*)　耳

œil [ウイユ] (*m.*)　目
（複数形は yeux [イユー]）

nez [ネ] (*m.*)　鼻

moustache [ムスタシュ] (*f.*)　ひげ

gueule [ギョル] (*f.*)　口
langue [ラーング] (*f.*)　舌
dent [ダン] (*f.*)　歯、牙

patte [パット] (*f.*)　脚
patte de devant [パット・ドゥ・ドゥヴァン] (*f.*)　前脚

ventre [ヴァントル] (*m.*)　腹

029

19 chatons

まとわりつく。

Être dans les jupes de sa mère.
[エトル・ダン・レ・ジュップ・ドゥ・サ・メール]

jupe[ジュップ](*f.*)　スカート　　son[ソン]　それの（女性形 sa[サ]）
mère[メール](*f.*)　母親

直訳
母親のスカートの中にいる。

子猫たちも母猫にくっついて離れません。

chatons
20

舌舐めずり。

Se lécher les babines.

[ス・レシェ・レ・バビヌ]

se lécher [ス・レシェ] 自分の〜を舐める
babine [バビヌ] (*f.*) 唇

直訳
唇を舐める。

美味しいものを食べた後、
口を舐め回す子猫の満足そうな顔といったら。

首に抱きつく。
Se pendre au cou.
［ス・パーンドル・オ・クー］

se pendre à ［ス・パーンドル・ア］　〜にぶら下がる　　cou ［クー］（m.）首

子猫同士で首に齧りついているのも愛情の表現なのでしょう。

chatons 22

時間はたっぷりある。

Avoir tout le temps.
［アヴォワール・トゥー・ル・タン］

tout ［トゥー］ すべての
temps ［タン］ (*m.*) 時間

直訳
すべての時間を持っている。

子猫たちは遊ぶのが仕事みたいなものですから。

23 chatons

順番に！

Chacun son tour !
［シャカン・ソン・トゥール］

chacun［シャカン］ それぞれ
tour［トゥール］(*m.*) 順番

子猫たちに順番なんてものはありません。

chatons 24

とても退屈。

Ennuyeux comme la pluie.
[アンニュイユー・コム・ラ・プリュイ]

ennuyeux [アンニュイユー]　退屈な
pluie [プリュイ] (*f.*)　雨

直訳
雨のように退屈。

雨の日は子猫だって退屈なのです。

25 chatons

また始まった。

C'est reparti pour un tour.
[セ・ルパルティ・プール・アン・トゥール]

c'est [セ] それは〜だ
repartir [ルパルティール] 再出発する
pour [プール] 〜のために
tour [トゥール] (*m.*) 一周、回転

直訳
メリーゴーランドなど回り続けるものが、また回転するために出発した。

子猫たちは飽きもせず、よくまあ同じ遊びを繰り返すものです。

chatons 26

鬼ごっこ。

Jouer au chat et à la souris.

[ジュエ・オ・シャ・エ・ア・ラ・スリ]

jouer à [ジュエ・ア] 〜をまねて遊ぶ
chat [シャ] (m.) 猫　　et [エ] 〜と〜
souris [スリ] (f.) ハツカネズミ

直訳
猫とネズミをまねて遊ぶ。

子猫は飽きるまでネズミを追いかけます。

27 chatons

小腹がすいた。

Avoir un petit creux.
[アヴォワール・アン・プティ・クルー]

petit [プティ] 小さな
creux [クルー] (*m.*) 空洞、穴

直訳
(胃に)小さな空洞がある。

こんなに大きくなったのにまだ乳離れしない子猫たち。

chatons 28

お手のもの。

À son affaire.
［ア・ソン・ナフェール］

à ［ア］　〜の
son ［ソン］　彼の、彼女の、それの
affaire ［アフェール］（f.）　事、関心事

直訳
彼らしい事。

ネズミを捕らせたら、子猫に勝るものはないでしょう。

29 chatons

好敵手。

À bon chat, bon rat.

［ア・ボン・シャ、ボン・ラ］

à [ア] 〜に　　bon [ボン] よい、優れた
chat [シャ] (*m.*) 猫　　rat [ラ] (*m.*) ネズミ

直訳
優れた猫に、優れたネズミ。

子猫だってネズミを捕まえ損ねることもあるのです。

chatons

30

疲れ果てた。
À bout de course.
[ア・ブー・ドゥ・クルス]

à bout de [ア・ブー・ドゥ]　尽きた、疲れ果てた
course [クルス] (*f.*)　走ること

直訳
走り尽きた。

がむしゃらに遊んだ後の子猫は寝るだけ。

31 chatons

忍び足で。

À pas de loup.
［ア・パ・ドゥ・ルー］

à ［ア］　〜で　　pas ［パ］（m.）　歩、歩き方
loup ［ルー］（m.）　オオカミ

直訳
オオカミの歩き方で。

こっそりと歩く子猫は、まさに無音。

chatons
32

必要は発明の母。
Nécessité est mère d'invention.
［ネセスィテ・エ・メール・ダンヴァンスィヨン］

nécessité ［ネセスィテ］(*f.*) 必要
mère ［メール］(*f.*) 母親
invention ［アンヴァンスィヨン］(*f.*) 発明

子猫は身近にあるものを使って遊びを発明します。

33 chatons

仲良し。

Être bien ensemble.
［エトル・ビヤン・アンサーンブル］

bien ［ビヤン］　よい
ensemble ［アンサーンブル］　一緒に
直訳
よいまとまりである。

子猫たちはグルーミングし合うほど仲がいいのです。

chatons 34

楽しそうね。

Ne pas s'ennuyer.
［ヌ・パ・ソンニュイエ］

s'ennuyer ［ソンニュイエ］　退屈する

直訳
退屈しないね。

遊べる兄妹がいる子猫たちは幸せ者。

35

chatons

タイミングが悪い。

Ça tombe mal.
［サ・トンブ・マル］

ça ［サ］　それ
tomber ［トンベ］　落ちる、当たる
mal ［マル］　悪く

直訳
悪いところに出くわす。

時々、子猫もタイミングを計り損ねるものです。

chatons 36

成長しすぎ。

Pousser comme un champignon.

[プセ・コム・アン・シャンピニョン]

pousser [プセ] 押す、伸びる
champignon [シャンピニョン] (*m.*) キノコ

直訳
キノコのようにぐんぐん育つ。

すでに膝の上にのらなくなるほど、子猫の成長はあっという間。

猫に話しかける ①

猫を練習台にフランス語で話しかけてみてはいかがでしょう？
猫だって慣れてくれば、こちらの言わんとするフランス語を理解してくれるはず！

呼びかけ 編

Minou.
[ミヌー] (*m.*)
にゃんこ（オス）。

Minette.
[ミネット] (*f.*)
にゃんこ（メス）。

Mon petit bébé.
[モン・プティ・ベベ]
私のかわいい赤ちゃん。

Mon petit loulou.
[モン・プティ・ルル]
私のかわいこちゃん（オス）。

Ma petite louloutte.
[マ・プティット・ルルット]
私のかわいこちゃん（メス）。

Miaou.
[ミヤウ]
ニャー。

> あいさつ編

Bonjour mon petit minou.
[ボンジュール・モン・プティ・ミヌー]
私のかわいい猫ちゃん、おはよう。

Tu vas bien ?
[テュ・ヴァ・ビヤン]
調子はいい?

Tu as bien dormi ?
[テュ・ア・ビヤン・ドルミ]
よく寝た?

> お留守番編

Sois gentil.
[ソワ・ジャンティ]
いい子でいてね。

Sois sage.
[ソワ・サージュ]
おとなしくしてね。

Ne fais pas de bêtise.
[ヌ・フェ・パ・ドゥ・ベティーズ]
いたずらしないでね。

Joues avec ta souris.
[ジュ・アヴェク・タ・スリ]
君のオモチャのネズミと遊んでいてね。

Fais dodo.
[フェ・ドド]
おねんねしてね。

Je reviens tout de suite.
[ジュ・ルヴィヤン・トゥー・ドゥ・スュイット]
すぐに戻るからね。

049

37 chatons

平穏に暮らす。
Se la couler douce.
［ス・ラ・クレ・ドゥース］

se couler ［ス・クレ］ 流れる
doux ［ドゥー］ 穏やかな
（女性形 douce ［ドゥース］）

直訳
穏やかに流れる。

変化のない単調な生活が子猫たちの好みです。

chatons 38

すべてのことを考えることはできない。
On ne saurait penser à tout.
［オン・ヌ・ソレ・パンセ・ア・トゥー］

on ［オン］ 私たちは
ne saurait ［ヌ・ソレ］ 〜するわけにはいかない
　（savoir ［サヴォワール］ の条件法の否定文）
penser à ［パンセ・ア］ 〜を考える
tout ［トゥー］ すべて

子猫が何かを考えていたとしても、寝てしまうのがオチ。

39 chatons

一発お見舞い。

Donner un coup de poing.
［ドネ・アン・クー・ドゥ・ポワン］

donner ［ドネ］　与える
coup de poing ［クー・ドゥ・ポワン］(*m.*)　パンチ

子猫パンチもなかなか威力があるものです。

chatons 40

取っ組み合い。

Corps-à-corps.
［コーラ・コール］

corps ［コール］(*m.*)　体、身体
corps-à-corps ［コーラ・コール］(*m.*)　取っ組み合い

オス子猫たちは時々派手にケンカをしては、力比べをします。

41 chatons

触らぬ神にたたりなし。

Ne réveillez pas le chat qui dort.

［ヌ・レヴェイエ・パ・ル・シャ・キ・ドール］

réveiller［レヴェイエ］ 起こす　　chat［シャ］（*m.*） 猫
qui［キ］ 〜するところの　　dormir［ドルミール］ 眠る

(直訳)
眠っている猫を起こすべからず。

こんなに気持ちよさそうに寝ている子猫を見たら、起こせません。

chatons
42

優雅な生活。

C'est la vie de château.
［セ・ラ・ヴィ・ドゥ・シャトー］

vie ［ヴィ］（*f.*）　人生、暮らし
château ［シャトー］（*m.*）　城、宮殿

直訳
城の暮らし。

子猫は寝ているだけで幸せそうです。

43 chatons

何も言わないのは同意のしるし。

Qui ne dit mot consent.
［キ・ヌ・ディ・モ・コンサン］

qui［キ］ ～する者　　ne［ヌ］ ～しない
dire［ディール］ 言う　　mot［モ］(*m.*) 言葉
consentir［コンサンティール］ 同意する

直訳
言葉を発しない者は同意している。

自分の陣地に入って来た猫に文句を言わないのも、同意のしるし。

chatons 44

急ぐことはない。

On prendra bien le temps de mourir.
［オン・プランドラ・ビヤン・ル・タン・ドゥ・ムリール］

prendre ［プラーンドル］ 取る
　（単純未来形 prendra ［プランドラ］）
bien ［ビヤン］ よく
temps ［タン］（*m.*） 時間
mourir ［ムリール］ 死ぬ

直訳
死ぬまでの時間はたっぷりある。

子猫に急ぐなんて言葉はありません。

45 chatons

仲直り。
Donner le baiser de paix.
[ドネ・ル・ベゼ・ドゥ・ペ]

donner [ドネ] 与える
baiser [ベゼ] (*m.*) キス
paix [ペ] (*f.*) 平和、和解

直訳
和解のキスをあげる。

子猫たちはグルーミングし合えば、ほら仲直り。

chatons 46

時間に几帳面。

Être réglé comme une horloge.
［エトル・レグレ・コム・ユン・ノルロージュ］

être réglé ［エトル・レグレ］ 調節された
horloge ［オルロージュ］（*f.*） 時計

直訳
時計のように規則正しい。

時計を見ずとも、子猫の腹時計は正確です。

47 chatons

つきまとう。

Coller au cul.
[コレ・オ・キュ]

coller à [コレ・ア]　〜にくっつく
cul [キュ] (*m.*)　尻

直訳
尻にくっつく。

子猫に追い回される子猫も一苦労です。

chatons 48

気にしない。

S'asseoir dessus.

［サスワール・ドゥスュ］

s'asseoir ［サスワール］　座る
dessus ［ドゥスュ］　上に

直訳
上に座る。

子猫の上に座る子猫も子猫ですが、子猫に座られても平気な子猫とは。

061

49 chatons

大あくびをする。

Bâiller comme une huître.

[バイエ・コム・ユン・ヌイットル]

bâiller [バイエ] あくびをする
huître [ユイットル] (*f.*) 牡蠣

直訳
牡蠣の殻のように大きなあくびをする。

子猫といえども、大きなあくびをした時の顔つきはすごいものです。

chatons 50

くつろぐ。

À l'aise.
［ア・レーズ］

aise ［エーズ］(f.)　快適さ

どんな体勢でも眠れてしまうのが子猫。

51 chatons

心地よい。

Il fait bon.
［イル・フェ・ボン］

il fait ［イル・フェ］　〜（天気などを表す）だ
bon ［ボン］　よい、気持ちがいい

子猫は暖かい場所を探し出す天才です。

chatons 52

険悪なムード。

Il y a de l'orage dans l'air.
[イリヤ・ドゥ・ロラージュ・ダン・レール]

Il y a [イリヤ] 〜がある　　orage [オラージュ] (*m.*)　雷雨
air [エール] (*m.*)　空気、雰囲気

直訳
雰囲気の中に雷雨がある。

子猫だって怒る時は怒ります。

065

53 chatons

どっちつかず。
Le cul entre deux chaises.
[ル・キュ・アントル・ドゥー・シェーズ]

cul [キュ] (*m.*) 尻　　entre [アントル] 〜の間
deux [ドゥー] 2つの　　chaise [シェーズ] (*f.*) 椅子

直訳
2つの椅子の間にある尻のように不安定で落ち着かない状態。

子猫は2つの椅子にまたがって寝るほど成長しました。

chatons 54

とっても幸せ。

Être aux anges.
[エトル・オー・ザンジュ]

ange [アンジュ] (*m.*) 天使

直訳
天使たちに囲まれている。

子猫の寝顔は、なんて幸せそうなのでしょうね。

猫に話しかける ②

スキンシップ編

Tu veux un câlin ?
[テュ・ヴ・アン・カラン]
撫でて欲しい？

Tu es très mignon.
[テュ・エ・トレ・ミニョン]
とってもかわいいね。

Tu es très doux.
[テュ・エ・トレ・ドゥー]
とってもやわらかいね。

Tu es content ?
[テュ・エ・コンタン]
うれしい？

Tu as bobo ?
[テュ・ア・ボボ]
痛いの？

Qu'est-ce qui ne va pas ?
[ケ・ス・キ・ヌ・ヴァ・パ]
何が問題なの？

ごはんの時間 編

Tu as faim ?
[テュ・ア・ファン]
お腹空いた？

Tu veux des croquettes ?
[テュ・ヴ・デ・クロケット]
カリカリが食べたい？

Tu veux boire de l'eau ?
[テュ・ヴ・ボワール・ドゥ・ロー]
水が飲みたい？

Tu en veux encore ?
[テュ・アン・ヴ・アンコール]
もっと欲しいの？

Qu'est-ce que tu veux ?
[ケ・ス・ク・テュ・ヴ]
何が欲しいの？

C'est pas encore l'heure de manger.
[セ・パ・ザンコール・ルール・ドゥ・マンジェ]
まだ食べる時間じゃないよ。

Attends encore un peu.
[アタン・アンコール・アン・プ]
もうちょっと待っていて。

Chapitre 2

Les chats et le français

[レ・シャ・エ・ル・フランセ]

成猫とフランス語

chat [シャ] (*m.*)　猫
chatte [シャット] (*f.*)　メス猫
matou [マトゥー] (*m.*)
　　去勢していないオス猫

01 chats

些細なことは気にしない。
Ne pas faire de détail.
[ヌ・パ・フェール・ドゥ・デタイユ]

ne ~ pas [ヌ・~・パ] ～しない
faire [フェール] する   détail [デタイユ]（m.） 細部

猫たちが寝ている時、
細かいことは気にしていられません。

chats 02

洞察力がある。

Avoir des yeux de lynx.

[アヴォワール・デズュー・ドゥ・ランクス]

avoir [アヴォワール] 〜を持つ
œil [ウイユ] (*m.*) 目（複数形 yeux [イユー]）
lynx [ランクス] (*m.*) オオヤマネコ

直訳
オオヤマネコの目を持つ。

猫の目は神秘的でもあります。

03 chats

おふざけ。

Faire son numéro.
［フェール・ソン・ニュメロ］

son ［ソン］ その
numéro ［ニュメロ］（*m.*） 番号、出し物

直訳
その出し物を披露する

アイロンを掛けているシーツを台無しにするのは、猫の得意技。

chats 04

爪を隠す。

Faire patte de velours.
[フェール・パット・ドゥ・ヴルール]

patte [パット] (*f.*) 脚
velours [ヴルール] (*m.*) ビロード、柔らかい

直訳
柔らかい脚に見せる。

果たして猫は猫をかぶっているのでしょうか？

05 chats

空中で。

Entre ciel et terre.
[アントル・スィエル・エ・テール]

entre [アントル] 〜の間　　ciel [スィエル] (*m.*) 空
et [エ] 〜と〜　　terre [テール] (*f.*) 大地

直訳
空と大地の間。

猫は空中に留まることができるのです！

chats 06

ぼんやり。

Être dans les nuages.
[エトル・ダン・レ・ニュアージュ]

être [エトル] 〜にいる　　dans [ダン] 〜の中に
nuage [ニュアージュ] (*m.*) 雲

直訳
雲の中にいる。

寝起きの猫はぼんやりです。

07 chats

甘え上手。

Être chatte.

［エトル・シャット］

chatte ［シャット］（ƒ.） メス猫

直訳
猫である。
（女性に向かって言うため、メス猫になっています）

猫ほど甘え上手な動物はいないでしょう。

chats 08

犬猿の仲。

Être comme chien et chat.
[エトル・コム・シヤン・エ・シャ]

comme [コム] 〜のように
chien [シヤン] (*m.*) 犬   chat [シャ] (*m.*) 猫

直訳
犬と猫のようである。

時には犬と仲のいい猫もいるのですが。

09 chats

首を長くして待つ。

Attendre avec impatience.
[アターンドル・アヴェカンパスィヤンス]

attendre [アターンドル] 待つ　　avec [アヴェク] 〜の様子で
impatience [アンパスィヤンス] (f.)　待ちきれないこと

時として、猫はとても辛抱強くなれるものです。

chats 10

頭から突っ込む。

Piquer une tête.
[ピケ・ユンヌ・テット]

piquer [ピケ] 刺す
tête [テット] (*f.*) 頭

何にでも頭を突っ込まずにいられないのが猫。

11 chats

穴があったら入りたい。

Ne plus savoir où se fourrer.

［ヌ・プリュ・サヴォワール・ウ・ス・フレ］

ne 〜 plus ［ヌ・〜・プリュ］　もはや〜ない
savoir ［サヴォワール］　知っている
où ［ウ］　どこに　　se fourrer ［ス・フレ］　潜り込む

直訳
どこに潜り込めばいいのか分からない。

猫だったらどこにでも入れるのですが。

chats 12

かくれんぼ。
Jouer à cache-cache.
[ジュエ・ア・カシュ・カシュ]

jouer à [ジュエ・ア] 〜して遊ぶ
cache-cache [カシュ・カシュ] (*m.*)　かくれんぼ

猫は隠れているつもりなのでしょうか？

13 chats

耳をそばだてる。

Dresser l'oreille.
［ドレセ・ロレイユ］

dresser ［ドレセ］　立てる、起こす
oreille ［オレイユ］（f.）　耳

猫の耳は音のする方へ自由自在に動きます。

chats 14

身を縮める。

Faire le gros dos.

[フェール・ル・グロ・ド]

gros [グロ] 大きい、膨れた　　dos [ド] (*m.*) 背中

直訳
猫のように背中を丸める(状況が良くなるのを待つために)。

猫たちは背中を丸めて挑発し合うことも。

15 chats

万事順調！

Ça baigne !

[サ・ベーニュ]

ça [サ] それ　　baigner [ベニェ] 浸す
baigner dans l'huile [ベニェ・ダン・リュイル]　万事順調
　（機械などに油をさすとスムーズに動くことから）

猫はちょっとしたことで幸せになれるもの。

chats 16

ケンカを売る。

Chercher la bagarre.
［シェルシェ・ラ・バガール］

chercher ［シェルシェ］　探す
bagarre ［バガール］ (*f.*)　殴り合い、争い

直訳
争いを探す。

猫の世界にもいちゃもんをつける猫がいるのです。

17 chats

つま先立ちで。
Sur la pointe des pieds.
[スュル・ラ・ポワント・デ・ピエ]

sur [スュル] 〜の上に
pointe [ポワント] (f.) 先端
pied [ピエ] (m.) 足

猫の体はずいぶん長く伸びるもの。

chats 18

急いては事を仕損じる。

Demain il fera jour.

[ドゥマン・イル・フラ・ジュール]

demain [ドゥマン] 明日
il fait [イル・フェ] 〜(天気などを表す)だ(単純未来形 fera [フラ])
jour [ジュール] (*m.*) 日、日の光

直訳

明日、日が昇るだろう(状況が明確になるのを待って行動した方がよい)。

猫のように急がないで行う方がいいこともあります。

猫の毛色＆種類

猫の毛色はさまざまで、専門的な用語となるとさらに細かく分けられますが、ここでは一般的な毛色のみを紹介します。猫の種類はフランスで人気のものです。

代表的な猫の毛色
Robes de chat [ロープ・ドゥ・シャ] (f.)

黒　猫　chat noir [シャ・ノワール]
白　猫　chat blanc [シャ・ブラン]
赤茶猫　chat roux [シャ・ルー]
こげ茶猫
　chat chocolat（brun）[シャ・ショコラ（ブラン）]
灰　猫　chat gris（bleu）[シャ・グリー（ブルー）]

虎　猫　chat tigré [シャ・ティグレ]
白黒猫　chat bicolore [シャ・ビコロール]
三毛猫　chat tricolore [シャ・トリコロール]
錆　猫　chat écaille de tortue
　　　　　[シャ・エカイユ・ドゥ・トルテュ]

chat noir

chat blanc

chat roux

chat chocolat

chat tigré

chat bicolore

> 代表的な猫の種類

Races de chat [ラース・ドゥ・シャ] (*f.*)

アビシニアン　abyssin [アビサン]
サイベリアン　sibérien [シベリアン]
シャム猫　siamois [シャモワ]
シャルトリュー　chartreux [シャルトリュー]
スコティッシュ・フォールド
　scottish fold [スコティッシュ・フォールド]
スフィンクス　sphynx [スファンクス]
ターキッシュ・アンゴラ
　angora turc [アンゴラ・テュルク]
ノルウェージャン・フォレスト
　norvégien [ノルヴェジアン]
バーマン　sacré de birmanie [サクレ・ドゥ・ビルマニ]
ブリティッシュ・ショートヘア
　british shorthair [ブリティッシュ・ショルテール]
ペルシャ　persan [ペルサン]
ベンガル　bengal [バンガル]
メインクーン　maine coon [メイン・クーン]
ラグドール　ragdoll [ラグドール]
ロシアンブルー　bleu russe [ブルー・リュス]
雑種　chat de gouttière [シャ・ドゥ・グーティエール]

siamois

chartreux

sphynx

bengal　　persan 　　british shorthair

19 chats

狙いを定める。

Viser le but.
［ヴィゼ・ル・ビュット］

viser［ヴィゼ］ 狙いをつける
but［ビュット］(*m.*) 標的、ゴール

猫は獲物を見つけると、
身を低くしてじりじりと距離を縮めていきます。

chats 20

待ちぼうけ。

Poser un lapin.
［ポゼ・アン・ラパン］

poser［ポゼ］置く　　lapin［ラパン］(*m.*) うさぎ

直訳
うさぎを置く（昔、うさぎは不払いの象徴だったことから）。

いつ穴からモグラが出て来るか、猫はひたすら待つのみです。

21 chats

一目瞭然。

Être comme le nez au milieu de la figure.
[エトル・コム・ル・ネ・オ・ミリュー・ドゥ・ラ・フィギュール]

nez [ネ] (*m.*) 鼻
au milieu de [オ・ミリュー・ドゥ] 〜の真ん中に
figure [フィギュール] (*f.*) 顔

直訳
顔の真ん中にある鼻のように明らか。

猫の鼻もよく見ると立派なものです。

chats **22**

留守をすると居場所を取られる。

Qui va à la chasse perd sa place.

[キ・ヴァ・ア・ラ・シャス・ペール・サ・プラス]

aller [アレ] 行く　chasse [シャス] (*f.*) 狩猟
perdre [ペルドル] 失う　place [プラス] (*f.*) 場所

直訳
狩猟に行く者は、その居場所を失う。
（楽しみを求めて離れると、その地位を失いかねない）

寝心地の良い場所は猫たちも争奪戦です。

23 chats

不公平。

Ce n'est pas juste.
[ス・ネ・パ・ジュスト]

c'est [セ]　それは〜だ
juste [ジュスト]　公平な

母猫よりも場所を取る息子猫。

chats 24

ご機嫌。

Être de bonne humeur.
[エトル・ドゥ・ボン・ヌムール]

bon [ボン]　よい（女性形 bonne [ボンヌ]）
humeur [ユムール]（f.）　機嫌

猫はいつだってご機嫌です。

25 chats

何にでも手を出す。

Toucher à tout.
［トゥシェ・ア・トゥー］

toucher à ［トゥシェ・ア］　〜に触る
tout ［トゥー］　すべて

動くものすべてに手を出さずにはいられないのが猫。

chats 26

差し向かいで。

En tête-à-tête.
[アン・テッタ・テット]

en [アン] 〜で　tête [テット] (*f.*) 頭
tête-à-tête [テッタ・テット] (*m.*) 差し向かい

猫2匹、頭を並べて何の悪だくみでしょう？

27 chats

血は争えない。

Bon sang ne peut mentir.

[ボン・サン・ヌ・プ・マンティール]

bon [ボン] よい、優れた　sang [サン] (*m.*) 血、血筋
ne [ヌ] 〜しない　pouvoir [プヴォワール] できる
mentir [マンティール] うそをつく、偽る

直訳
血筋は偽らない。

猫の親子だって似た者同士です。

chats 28

唖然。

Rester assis.
[レステ・アスィ]

rester [レステ] 〜のままでいる
assis [アスィ] 座っている

直訳
座ったままでいる。

座ってはいけないところに座る猫にこっちが唖然。

29 chats

平気の平左。

Ça ne m'empêche pas de dormir.
[サ・ヌ・マンペッシュ・パ・ドゥ・ドルミール]

ça [サ] それ　　me [ム] 私に
empêcher de [アンペッシェ・ドゥ] 〜するのを妨げる
dormir [ドルミール] 眠る

直訳
それは私に眠ることを妨げない。

猫が不眠症になることはあるのでしょうか？

chats 30

美しくなるには苦労がつきもの。

Il faut souffrir pour être belle.

[イル・フォ・スフリール・プール・エトル・ベル]

Il faut [イル・フォ] 〜しなくてはいけない
souffrir [スフリール] 苦しむ　　pour [プール] 〜のために
belle [ベル] 美しい（男性ならばbeau [ボー]）

猫だって身だしなみには手を抜きません。

31 chats

縦に並んで。
À la file.
[ア・ラ・フィル]

à [ア] 〜に　　file [フィル] (f.) 列

時には猫だって集団行動をすることもできるのです。

chats 32

無精者。

Ne pas se faire d'ampoules aux mains.
[ヌ・パ・ス・フェール・ダンプール・オー・マン]

se faire [ス・フェール]　自分に〜を作る
ampoule [アンプール]（*f.*）　電球、マメ
main [マン]（*f.*）　手

直訳
手にマメを作らない。

猫の脚には肉球はあっても、マメはありません。

33 chats

とても清潔。

Propre comme une écuelle à chat.

[プロプル・コム・ユン・ネキュエル・ア・シャ]

propre [プロプル] 清潔な　écuelle [エキュエル] (f.) どんぶり
à chat [ア・シャ] 猫用の

直訳
猫用のどんぶりのように清潔。

猫が食べ終わった後の器は、それはきれいなもの。

chats 34

青春真っ盛り。

Être dans la fleur de l'âge.
[エトル・ダン・ラ・フルール・ドゥ・ラージュ]

fleur [フルール] (*f.*) 花、最盛期   âge [アージュ] (*m.*) 年齢

直訳
年齢の最盛期にいる。

猫も猫なりに青春を謳歌しています。

35 chats

見かけによらない。

L'air ne fait pas la chanson.

[レール・ヌ・フェ・パ・ラ・シャンソン]

air [エール] (*m.*) 歌、旋律　　chanson [シャンソン] (*f.*) 歌

直訳
旋律だけでは歌にならない(歌詞の内容も重要)。

こう見えても、猫は神経質なもの。

chats 36

身も心も軽い。

Avoir des ailes.
［アヴォワール・デゼル］

aile［エル］(f.) 翼

直訳
翼を持っている。

跳んで走る猫には、まるで翼がついているようです。

猫的しぐさ ①

猫らしい動作をフランス語ではどう表現するのか見てみましょう。
主語は「猫（chat [シャ]）」の男性形単数で統一しています。

日常編

Il miaule. [イル・ミョル]　鳴く。

Il fait sa toilette. [イル・フェ・サ・トワレット]　毛づくろいをする。

Il passe sa patte derrière l'oreille. [イル・パス・サ・パット・デリエール・ロレイユ]
耳の後ろを撫でる。。

Il fait ses griffes. [イル・フェ・セ・グリフ]　爪を研ぐ。

Il renifle. [イル・ルニフル]　匂いを嗅ぐ。

Il marque son territoire. [イル・マルク・ソン・テリトワール]　マーキングをする。

Il replie ses pattes de devant sous son corps.
[イル・ルプリ・セ・パット・ドゥ・ドゥヴァン・スー・ソン・コール]　香箱座りをする。

Il est en position de sphinx. [イレ・タン・ポズィシィヨン・ドゥ・スファンクス]
スフィンクス座りをしている。

Il s'étire. [イル・セティール]　伸びをする。

Il se roule par terre. [イル・ス・ロール・パール・テール]　地面に転げ回る。

Il mange des croquettes. [イル・マンジュ・デ・クロケット]　カリカリを食べる。

Il lape. [イル・ラプ]　舌を鳴らして飲む。

Il urine dans sa litière. [イル・ユリーヌ・ダン・サ・リティエール]
猫トイレでおしっこをする。

Il recouvre son excrément. [イル・ルクーブル・ソン・ネクスクレマン]　糞を覆い隠す。

Il surveille dehors par la fenêtre.
[イル・スュルヴェイユ・ドゥオール・パール・ラ・フネートル]　窓越しに外を監視する。

Il bâille. [イル・バイユ]　あくびをする。

Il dort. [イル・ドール]　眠る。

甘える編

Il ronronne. [イル・ロンロヌ]　喉を鳴らす。

Il pétrit avec ses pattes. [イル・ペトリ・アヴェク・セ・パット]　脚でモミモミする。

Il se frotte contre mes jambes. [イル・ス・フロット・コントル・メ・ジャンブ]
私の脚に体をこすりつける。

Il mordille mon doigt. [イル・モルディーユ・モン・ドワ]　私の指を甘噛みする。

Il me lèche le nez. [イル・ム・レーシュ・ル・ネ]　私の鼻を舐める。

Il me donne des petits coups de tête. [イル・ム・ドヌ・デ・プティ・クー・ドゥ・テット]
私に小さな頭突きをくれる。

Il me montre son ventre. [イル・ム・モントル・ソン・ヴァントル]
私にお腹を見せる。

Il lève sa queue. [イル・レーヴ・サ・ク]　尻尾を立てる。

攻撃編

Il grogne. [イル・グロニュ]　唸る。

Il griffe. [イル・グリフ]　ひっかく

Il mord. [イル・モール]　噛む。

Il hérisse. [イル・エリス]　毛を逆立てる。

Il fait le gros dos. [イル・フェ・ル・グロ・ド]　背中を大きくする（威嚇するために）。

Il gonfle sa queue. [イル・ゴンフル・サ・ク]　尻尾を膨らませる。

37 chats

とぼける。

Ne faire semblant de rien.
［ヌ・フェール・サンブラン・ドゥ・リヤン］

faire semblant［フェール・サンブラン］　振りをする
rien［リヤン］　何もない

直訳
何事もない振りをする。

何といっても、猫はとぼけるのがお得意。

chats 38

用心深く。

Marcher sur des œufs.

[マルシェ・スュル・デズゥー]

marcher [マルシェ] 歩く　　sur [スュル] 〜上を
œuf [ウフ] (*m.*)　卵（複数形は œufs [ウー]）

直訳
卵の上を歩く（ように慎重に行動する）。

猫がそっと歩く姿は優雅でもあります。

113

39 chats

一目散に逃げる。

Fuir sans regarder derrière soi.

[フュイール・サン・ルガルデ・デリエール・ソワ]

fuir [フュイール] 逃げる　　sans [サン] 〜せずに
regarder [ルガルデ] 〜を見る　　derrière [デリエール] 〜の後ろ
soi [ソワ] 自分自身

直訳
自分の後ろを見ずに逃げる。

猫の逃げ足はとても速いのです。

chats 40

不安定。

Être comme l'oiseau sur la branche.
[エトル・コム・ロワゾー・スュル・ラ・ブランシュ]

oiseau [オワゾー] (m.) 鳥　　sur [スュル] 〜の上の
branche [ブランシュ] (f.) 枝

直訳
枝の上の鳥のような状態。

木登り好きな猫だって木から落ちることがあります。

41 chats

互角の勝負。

Faire jeu égal.
［フェール・ジュー・エガル］

jeu ［ジュー］(*m.*)　遊び、ゲーム
égal ［エガル］　等しい、平等の

自分より大きくなった息子猫に、母猫だって負けてはいません。

chats 42

距離を置く。

Garder ses distances.
［ガルデ・セ・ディスタンス］

garder［ガルデ］ 保つ　　son［ソン］ その（複数形 ses［セ］）
distance［ディスタンス］(*f.*)　距離

猫にもそっとしておいて欲しい時があるのです。

43 chats

待てば海路の日和あり。

Tout vient à point à qui sait attendre.
[トゥー・ヴィヤン・ア・ポワン・ア・キ・セ・アターンドル]

tout [トゥー] (*m.*) すべて　　venir [ヴニール] 来る
à point [ア・ポワン] ちょうどいい時に　　qui ～ [キ] ～する者
savoir [サヴォワール] 知っている　　attendre [アターンドル] 待つ

直訳
すべては待つことを知っている者にいい時期に来る。

猫は待つことを知っています。

chats 44

怠け者。
Avoir un poil dans la main.
[アヴォワール・アン・ポワル・ダン・ラ・マン]

poil [ポワル] (*m.*) 毛
main [マン] (*f.*) 手
直訳
手に毛がある。

元から脚に毛がある猫は、生まれつきの怠け者なのでしょう。

45 chats

腹が出る。

Avoir de la brioche.

[アヴォワール・ドゥ・ラ・ブリオッシュ]

brioche [ブリオッシュ] (*f.*) ブリオッシュ

直訳
ブリオッシュ(膨れた形から)を持つ。

ぷっくり膨れたお腹も猫のチャームポイントです。

chats 46

二重顎。

Avoir un menton à double étage.
[アヴォワール・アン・マントン・ア・ドゥーブル・エタージュ]

menton [マントン] (*m.*)　顎
double [ドゥーブル]　二重の
étage [エタージュ] (*m.*)　層

猫ならばモフモフしてかわいいものですが。

47 chats

何もしない。

Se croiser les bras.

［ス・クロワゼ・レ・ブラ］

se croiser ［ス・クロワゼ］ 交差する　　bras ［ブラ］(m.) 腕

直訳
腕を組む。

香箱座りをしている猫も何もする気はありません。

chats 48

鼻が利く。

Avoir le nez fin.
［アヴォワール・ル・ネ・ファン］

nez ［ネ］(*m.*) 鼻
fin ［ファン］ 鋭い、繊細な

猫は何の匂いを嗅ぎつけているのかしら。

49 chats

五里霧中。

Être dans le brouillard.
[エトル・ダン・ル・ブルイヤール]

brouillard [ブルイヤール] (m.) 霧

[直訳]
霧の中にいる。

霧の中でも猫ならば迷子にはなりません。

chats 50

無駄骨。

Chercher une aiguille dans une botte de foin.

[シェルシェ・ユン・ネギュイーユ・ダンズユンヌ・ボット・ドゥ・フォワン]

chercher [シェルシェ] 探す　　aiguille [エギュイーユ] (f.) 針
botte [ボット] (f.) 束　　foin [フォワン] (m.) 干し草

直訳
干し草の束の中から1本の針を探す。

干し草の中で猫は何を探しているのでしょう？

51 chats

どこにでも首を突っ込む。

Mettre son nez partout.

［メトル・ソン・ネ・パルトゥー］

mettre ［メトル］ 置く　　nez ［ネ］ (*m.*) 鼻
partout ［パルトゥー］ いたるところに

猫はどこにでも鼻を突っ込みます。

chats 52

丹念に。

Avec amour.
［アヴェカムール］

avec ［アヴェク］ 〜とともに　　amour ［アムール］ (*m.*) 愛

直訳
愛を込めて。

大きくなっても母猫にとって子猫は子猫。

53 chats

丸くなって。

En boule.

［アン・ブール］

en ［アン］ 〜で
boule ［ブール］(*f.*) ボール

猫はボールのように丸くなって寝ます。

chats 54

沈黙は金なり。

Le silence est d'or.
［ル・スィランス・エ・ドール］

silence ［スィランス］(*m.*)　沈黙
or ［オール］(*m.*)　金

猫も黙っていれば賢そうに見えるというもの。

猫的しぐさ ②

遊び編

Il joue. [イル・ジュ] 遊ぶ。

Il se cache. [イル・ス・カシュ] 隠れる。

Il grimpe à l'arbre à chat. [イル・グランプ・ア・ラルブル・ア・シャ]
キャットタワーに登る。

Il entre dans une boîte. [イル・アントル・ダン・ズュンヌ・ボワット] 箱の中に入る。

Il fait tomber un objet. [イル・フェ・トンベ・アン・ノブジェ] 物を落とす。

Il court d'un bout à l'autre de la pièce.
[イル・クール・ダン・ブータ・ロートル・ドゥ・ラ・ピエス] 部屋の端から端まで走る。

Il chasse. [イル・シャス] 狩りをする。

Il remue rapidement la queue. [イル・ルミュ・ラピッドマン・ラ・クー]
素早く尻尾を振る。

Il bondit. [イル・ボンディ] 跳ぶ。

Il attrape une souris. [イラトラップ・ユンヌ・スリ] ネズミを捕まえる。

性格編

Il est affectueux. [イレ・タフェクテュー] 人懐っこい。

Il est câlin. [イレ・カラン] 甘えん坊。

Il est timide. [イレ・ティミッド] 恥ずかしがり屋。

Il est malin. [イレ・マラン] 賢い。

Il est rigolo. [イレ・リゴロ] ひょうきん。

Il est joueur. [イレ・ジュウール] 遊び好き。

Il est difficile. [イレ・ディフィスィル] 気難しい。

Il est têtu. [イレ・テテュ] 頑固。

Il est peureux. [イレ・プルー] 臆病。

INDEX

*男性名詞には(m.)、女性名詞には(f.)を明記しています。

A

à [ア]　～の、～に、～で、～用の
　　039 040 042 063 067 095
　　104 105 106 118 121 130
abyssin [アビサン]　アビシニアン
affaire [アフェール](f.)　事、関心事　039
affamé [アフャメ]　飢えた、ひもじい　026
affectueux [アフェクテュー]　人懐っこい　130
âge [アージュ](m.)　年齢　107
aiguille [エギューユ](f.)　針　125
aile [エル](f.)　翼　109
air [エール](m.)　空気、雰囲気　065
air [エール](m.)　歌、旋律　108
aise [エーズ](f.)　快適さ　063
aller [アレ]　行く、調子がいい　049 068 095
amour [アムール](m.)　愛　127
ampoule [アンプール](f.)　電球、マメ　105
ange [アンジュ](m.)　天使　067
angora turc [アンゴラ・テュルク]
　ターキッシュ・アンゴラ　091
appétit [アペティ](m.)　食欲　016 019
arbre [アルブル](m.)　木
　arbre à chat [アルブル・ア・シャ]
　キャットタワー　130
s'asseoir [サスワール]　座る　061
assis [アスィ]　座っている　101
attendre [アターンドル]　待つ　069 080 118
attraper [アトラペ]　捕まえる　130
avec [アヴェク]　～とともに、～で、～の様子で
　　049 080 111 127
avoir [アヴォワール]　～がある、～を持つ
　　016 026 033 038 068
　　069 073 109 119 120 121 123
　avoir＋過去分詞　～した（複合過去）　049

B

babine [バビヌ](f.)　唇　031
bagarre [バガール](f.)　殴り合い、争い　087
baigner [ベニェ]　浸す　086
bâiller [バイエ]　あくびをする　062 110
baiser [ベゼ](m.)　キス　058
beau [ボー](女性形belle [ベル])　美しい　103
beaucoup [ボクー]　たくさん
　beaucoup de [ボクー・ドゥ]
　たくさんの～　016
bébé [ベベ](m.)　赤ちゃん　048
bengal [バンガル](f.)　ベンガル　091
bêtise [ベティーズ](f.)　ばかなこと　049
bicolore [ビコロール]　2色の　090
bien [ビヤン]　よい、よく　044 049 057
blanc [ブラン]　白色の　090
bleu [ブルー]　青色の　090
bleu russe [ブルー・リュス]
　ロシアンブルー　091
bobo [ボボ](m.)　痛み　068
boire [ボワール]　飲む　069
boîte [ボワット](f.)　箱、缶　014 130
bon [ボン](女性形bonne [ボンヌ])
　よい、気持ちがいい、優れた
　　040 064 097 100
bondir [ボンディール]　跳ぶ　130
bonjour [ボンジュール]　こんにちは　049
botte [ボット](f.)　束　125
boule [ブール](f.)　ボール　128
bout [ブー]　果て
　bout de [ブー・ドゥ]　少しの～　010
　à bout de [ア・ブー・ドゥ]
　尽きた、疲れ果てた　041
　d'un bout à l'autre [ダン・ブータ・ロートル]
　端から端まで　130
branche [ブランシュ](f.)　枝　115
bras [ブラ](m.)　腕　122
brioche [ブリオッシュ](f.)　ブリオッシュ　120
british shorthair [ブリティッシュ・ショルテール]
　ブリティッシュ・ショートヘア　091
brouillard [ブルイヤール](m.)　霧　124
brun [ブラン]　こげ茶色の　090
but [ビュット](m.)　標的、ゴール　092

C

ça [サ]　それ　046 086 102
cache-cache [カシュ・カシュ](m.)
　かくれんぼ　083
cacher [カシェ]　隠す
　se cacher [ス・カシェ]　隠れる　130
cage [カージュ](f.)　檻　012
câlin [カラン](m.)　愛撫　068
câlin [カラン]　甘えん坊な　130
ce [ス]　それ
　c'est [セ]　それは～だ　036 055 069 096
chacun [シャカン]　それぞれ　023 034
chaise [シェーズ](f.)　椅子　066
champignon [シャンピニョン](m.)
　キノコ　047
chanson [シャンソン](f.)　歌　108
chartreux [シャルトリュー]
　シャルトリュー　091
chasse [シャス](f.)　狩猟　095
chasser [シャセ]　狩りをする　130
chat [シャ](m.)　猫
　　037 040 054 071 079 090 091 106 130
château [シャトー](m.)　城、宮殿　055

131

INDEX

chaton [シャトン] (m.) 子猫　009
chatte [シャット] (f.) メス猫　071 078
chercher [シェルシェ] 探す　087 125
chien [シヤン] (m.) 犬　079
chocolat [ショコラ] こげ茶色の　090
chou [シュー] (m.) キャベツ　010
ciel [スィエル] (m.) 空　076
coller [コレ] 張る
　coller à [コレ・ア] 〜にくっつく　060
combine [コンビーヌ] (f.) たくらみ　015
comme [コム] 〜のように　011 012 013 014
　025 035 047 059 062 079 094 106 115
confiance [コンフィヤンス] (f.) 信頼　027
consentir [コンサンティール] 同意する　056
content [コンタン] 満足した、うれしい　068
contre [コントル] 〜に対して　111
corps [コール] (m.) 体　028 110
corps-à-corps [コーラ・コール] (m.)
　取っ組み合い　053
cou [クー] (m.) 首　032
couler [クレ] 流れる
　se couler [ス・クレ] 流れる　050
coup [クー] (m.) 打つこと
　coup de poing [クー・ドゥ・ポワン]
　　パンチ　052
　coup de tête [クー・ドゥ・テット]
　　頭突き　111
courir [クリール] 走る　130
course [クルス] (f.) 走ること　041
coussinet [クスィネ] (m.) 肉球　028
creux [クルー] (m.) 空洞、穴　038
croiser [クロワゼ] 交差させる
　se croiser [ス・クロワゼ] 交差する　122
croquette [クロケット] (m.)
　固形のペットフード　069 110
cul [キュ] (m.) 尻　060 066

D

dans [ダン] 〜の中に　015 022 030 065
　077 086 107 110 119 124 125 130
dehors [ドゥオール] 外に　110
demain [ドゥマン] 明日　089
dent [ダン] (f.) 歯、牙　029
derrière [デリエール] 〜の後ろ　110 114
dessus [ドゥスュ] 上に　061
détail [デタイユ] (m.) 細部　072
deux [ドゥー] 2つの　011 066
difficile [ディフィスィル] 気難しい　130
dire [ディール] 言う　056
distance [ディスタンス] (f.) 距離　117
dodo [ドド] (m.) おねんね　049

doigt [ドワ] (m.) 指　111
donner [ドネ] 与える　052 058 111
dormir [ドルミール] 眠る　049 054 102 110
dos [ド] (m.) 背　028 085 111
double [ドゥーブル] 二重の　121
doux [ドゥー] (女性形 douce [ドゥース])
　穏やかな、やわらかい　050 068
dresser [ドレセ] 立てる、起こす　084

E

eau [オー] (f.) 水　011 069
écaille [エカイユ] (f.) べっ甲　090
écuelle [エキュエル] (f.) どんぶり　106
écureuil [エキュロイユ] (m.) リス　012
égal [エガル] 等しい、平等の　116
empêcher [アンペッシェ] 〜を妨げる
　empêcher de [アンペッシェ・ドゥ]
　　〜するのを妨げる　102
en [アン] 〜の中で、〜で
　012 020 027 099 110 128
en [アン] それを　069
encore [アンコール] 再び、もっと　069
ennuyer [アンニュイエ] 退屈させる
　s'ennuyer [ソンニュイエ] 退屈する　045
ennuyeux [アンニュイユー] 退屈な　035
ensemble [アンサーンブル] 一緒に　044
entre [アントル] 〜の間　017 066 076
entrer [アントレ] 入る　130
équipe [エキップ] (f.) グループ　020
et [エ] 〜と〜　037 076 079
étage [エタージュ] (m.) 層　121
étirer [エティレ] 伸ばす
　s'étirer [セティレ] 伸びをする　110
être [エトル] 〜である、〜にいる　015 022
　030 043 044 049 067 068 077 078 079
　094 097 103 107 110 115 124 129 130
excrément [エクスクレマン] (m.) 糞便　110

F

faim [ファン] (f.) 空腹　069
faire [フェール] 〜する、〜ように振る舞う
　021 049 072 074 075
　085 108 110 111 116 130
　il fait [イル・フェ]
　　〜(天気などを表す)だ　064 089
　se faire [ス・フェール] 自分に〜を作る　105
falloir [ファロワール]
　〜しなくてはならない
　Il faut [イル・フォ]
　　〜しなくてはいけない　103
　Il faut que [イル・フォ・ク] 〜すべきだ　018

132

félin [フェラン]（女性形 féline [フェリーヌ]）
　ネコ科の、猫の　029
femelle [フメル] (f.)　メス　029
fenêtre [フネートル] (f.)　窓　110
figure [フィギュール] (f.)　顔　094
file [フィル] (f.)　列　104
fin [ファン]　鋭い、繊細な　123
fleur [フルール] (f.)　花、最盛期　107
foin [フォワン] (m.)　干し草　125
fourrer [フレ]　押し込む
　se fourrer [ス・フレ]　潜り込む　082
français [フランセ] (m.)　フランス語
　008 070
frotter [フロテ]　こする
　se frotter contre [ス・フロテ・コントル]
　　〜にこすりつける　111
fuir [フュイール]　逃げる　114

G

garder [ガルデ]　保つ　117
gentil [ジャンティ]　やさしい　049
gonfler [ゴンフレ]　膨らませる　111
goût [グー] (m.)　好み　022 023
goutte [グット] (f.)　しずく
　goutte d'eau [グット・ドー]　水滴　011
gouttière [グーティエール] (f.)　雑種の　091
grand [グラン]　大きい　013
griffe [グリフ] (f.)　爪　028 110
griffer [グリフェ]　ひっかく　111
grimper [グランペ]　よじ上る　130
gris [グリー]　灰色の　090
grogner [グロニェ]　唸る　111
gros [グロ]　大きい、膨れた　085 111
gueule [ギョル] (f.)　口　029

H

hérisser [エリセ]　毛を逆立てる　111
heure [ウール] (f.)　時間　069
horloge [オルロージュ] (f.)　時計　059
huile [ユイル] (f.)　油　086
huître [ユイットル] (f.)　牡蠣　062
humeur [ユムール] (f.)　機嫌　097

I

il [イル]　彼は、それは　110 111 130
Il y a [イリヤ]　〜がある　065
image [イマージュ] (f.)　絵、イメージ　025
impatience [アンパスィヤンス] (f.)
　待ちきれないこと　080
innocent [イノサン] (m.)　無実の人　021
invention [アンヴァンスィヨン] (f.) 発明　043

J

jambe [ジャンブ] (f.)　（人間の）脚　111
je [ジュ]　私は　049
jeu [ジュー] (m.)　遊び、ゲーム　116
jeunesse [ジュネス] (f.)　若さ　018
jour [ジュール] (m.)　日、日の光　089
jouer [ジュエ]　遊ぶ　049 130
　jouer à [ジュエ・ア]
　　〜で遊ぶ、〜をまねて遊ぶ　037 083
joueur [ジュウール]　遊び好き　130
jupe [ジュップ] (f.)　スカート　030
juste [ジュスト]　公平な　096

L

langue [ラーング] (f.)　舌　029
laper [ラペ]　舌を鳴らして飲む　110
lapin [ラパン] (m.)　うさぎ　093
lécher [レシェ]　〜を舐める　111
　se lécher [ス・レシェ]
　　自分の〜を舐める　031
lever [ルヴェ]　〜を上げる、〜を立てる　111
litière [リティエール] (f.)　猫トイレの砂　110
loulou [ルル]（女性形 louloutte [ルルット]）
　かわいこちゃん　048
loup [ルー] (m.)　オオカミ　042
lynx [ランクス] (m.)　オオヤマネコ　073

M

main [マン] (f.)　手　013 105 119
maine coon [メイン・クーン]
　メインクーン　091
mal [マル]　悪く　046
mâle [マール] (m.)　オス　029
malin [マラン]　賢い　130
manger [マンジェ]　食べる　069 110
　en mangeant [アン・マンジャン]
　　食べながら（ジェロンディフ）　019
marche [マルシュ] (f.)　歩くこと、進行　024
　en marche [アン・マルシュ]　進行中の　024
marcher [マルシェ]　歩く　113
marquer [マルケ]　印をつける　110
matou [マトゥー] (m.)
　去勢されていないオス猫　071
me [ム]　私に　102 111
mentir [マンティール]　うそをつく、偽る　100
menton [マントン] (m.)　顎　121
mère [メール] (f.)　母親　030 043
mettre [メトル]　置く　126
miaou [ミヤウ]　ニャー　048
miauler [ミヨレ]　猫が鳴く　110
mignon [ミニョン]　かわいい　068

133

INDEX

milieu [ミリュー] (m.) 中央、真ん中
  au milieu de [オ・ミリュー・ドゥ]
  〜の真ん中に 094
minette [ミネット] (f.) にゃんこ 048
minou [ミヌー] (m.) にゃんこ 048 049
mon [モン] (女性形ma [マ]、複数形mes [メ])
  私の 048 049 111
montrer [モントレ] 見せる 111
mordiller [モルディエ] 軽く噛む 111
mordre [モルドル] 噛む 111
mot [モ] (m.) 言葉 056
mourir [ムリール] 死ぬ 057
moustache [ムスタシュ] (f.) ひげ 029

N

nature [ナテュール] (f.) 自然 022
ne [ヌ] 〜しない 051 056 100 112
  ne 〜 pas [ヌ・〜・パ] 〜ない 026 045
  049 054 068 069 072 096 102 105 108
  ne 〜 plus [ヌ・〜・プリュ]
  もはや〜ない 082
nécessité [ネセシテ] (f.) 必要 043
nez [ネ] (m.) 鼻 029 094 111 123 126
noir [ノワール] 黒色の 090
norvégien [ノルヴェジァン]
  ノルウェージャン・フォレスト 091
nous [ヌ] 私たち 017
nuage [ニュアージュ] (m.) 雲 077
numéro [ニュメロ] (m.) 番号、出し物 074

O

objet [オブジェ] (m.) 物 130
œil [ウイユ] (m.) (複数形yeux [イユー]) 目
  029 073
œuf [ウフ] (m.) 卵 113
oiseau [オワゾー] (m.) 鳥 115
on [オン] 私たちは 051 057
or [オール] (m.) 金 129
orage [オラージュ] (m.) 雷雨 065
oreille [オレイユ] (f.) 耳 026 029 084 110
où [ウ] どこに 082

P

paix [ペ] (f.) 平和、和解 058
par [パル] 〜から、〜に 110
partout [パルトゥー] いたるところに 126
pas [パ] (f.) 歩、歩き方 042
passer [パセ] 通る、過ぎる 110
  se passer [ス・パセ] 過ぎ去る 018
patte [パット] (f.) 脚 029 075 110 111

patte de derrière [パット・ドゥ・デリエール]
  後脚 028
patte de devant [パット・ドゥ・ドゥヴァン]
  前脚 029 110
pendre [パーンドル] ぶら下がる
  se pendre à [ス・パーンドル・ア]
  〜にぶら下がる 032
penser [パンセ] 考える
  penser à [パンセ・ア] 〜を考える 051
perdre [ペルドル] 失う 095
persan [ペルサン] ペルシャ 091
petit [プティ] (女性形petite [プティット])
  小さな、かわいい 010 038 048 049 111
pétrir [ペトリール] もむ 111
peu [プ] あまり〜ない
  un peu [アン・プ] 少し 069
peureux [イレ・ブルー] 臆病 130
pièce [ピエス] (f.) 部屋 130
pied [ピエ] (m.) 足 088
piquer [ピケ] 刺す 081
place [プラス] (f.) 場所 095
pluie [プリュイ] (f.) 雨 035
poil [ポワル] (m.) 毛 028 119
  poil court [ポワル・クール] 短毛 028
  poil long [ポワル・ロン] 長毛 028
poing [ポワン] (m.) 拳 052
point [ポワン] (m.) 点
  à point [ア・ポワン] ちょうどいい時に 118
pointe [ポワント] (f.) 先端 088
poser [ポゼ] 置く 093
position [ポズィション] (f.) 姿勢 110
pour [プール] 〜のために 036 103
pousser [プセ] 押す、伸びる 047
pouvoir [プヴォワール] できる 100
prendre [プランドル] 乗る、取る 024 057
propre [プロブル] 清潔な 106

Q

Qu'est-ce que 〜 ? [ケ・ス・ク]
  何を〜? 069
Qu'est-ce qui 〜 ? [ケ・ス・キ]
  何が〜? 068
queue [クー] (f.) 尻尾 028 111 130
qui [キ] 〜するところの、〜する者
  054 056 095 118

R

race [ラース] (f.) 種類 091
ragdoll [ラグドール] ラグドール 091
rapidement [ラピッドマン] 素早く 130
rat [ラ] (m.) ネズミ 040

recouvrir [ルクヴリール] 覆う、覆い隠す 110
regarder [ルガルデ] 〜を見る 114
régler [レグレ] 調節する
　être réglé [エトル・レグレ] 調節された 059
remuer [ルミュエ] 振る 130
renifler [ルニフレ] 嗅ぐ 110
repartir [ルパルティール] 再出発する 036
replier [ルプリエ] 折り畳む 110
ressembler [ルサンブレ] 〜に似ている
　se ressembler [ス・ルサンブレ]
　　互いに似ている 011
rester [レステ] 〜のままでいる 101
réveiller [レヴェイエ] 起こす 054
revenir [ルヴニール] 再び戻る 049
rien [リヤン] 何もない 112
rigolo [リゴロ] ひょうきん 130
robe [ローブ] (f.) 毛色 090
ronronner [ロンロネ] 喉を鳴らす 111
rouler [ロレ] 転がる
　se rouler [ス・ロレ] 転げ回る 110
roux [ルー] 赤茶色の 090

S

sacré de birmanie [サクレ・ドゥ・ビルマニ]
　バーマン 091
sage [サージュ] 賢明な、おとなしい
 025 049
sang [サン] (m.) 血、血筋 100
sans [サン] 〜せずに 114
sardine [サルディーヌ] (f.) イワシ 014
savoir [サヴォワール]
　知っている 051 082 118
scottish fold [スコッティッシュ・フォールド]
　スコッティッシュ・フォールド 091
semblant [サンブラン] うわべの
　faire semblant [フェール・サンブラン]
　　振りをする 112
serrer [セレ] 締め付ける
　être serré [エトル・セレ]
　　締め付けられる 014
siamois [シャモワ] シャム猫 091
sibérien [シベリアン] サイベリアン 091
silence [スィランス] (m.) 沈黙 129
soi [ソワ] 自分自身 114
son [ソン] (女性形sa [サ]、複数形ses [セ])
　その、それの 023 030 034 039 074
 095 110 111 117 126
souffrir [スフリール] 苦しむ
souris [スリ] (f.) ハツカネズミ 037 049 130
sous [スー] 〜の下に 110
sphynx [スファンクス] スフィンクス
 091 110

sur [スュル]
　〜の上に、〜の上を 088 113 115
surveiller [スュルヴェイエ]
　見張る、監視する 110

T

temps [タン] (m.) 時間 033 057
terre [テール] (f.) 大地、地面 076
　par terre [パル・テール] 地面に 110
territoire [テリトワール] (m.)
　領土、縄張り 110
tête [テット] (f.) 頭 029 081 111
tête-à-tête [テッタ・テット] (m.)
　差し向かい 099
têtu [テテュ] 頑固な 130
tigré [ティグレ] 虎斑のある 090
timide [ティミッド] 恥ずかしがり屋 130
toilette [トワレット] (f.) 身支度 110
tomber [トンベ] 落ちる 046 130
ton [トン] (女性形ta [タ]、複数形tes [テ])
　君の 049
tortue [トルテュ] (f.) 亀 090
toucher [トゥシェ] 触る
　toucher à [トゥシェ・ア] 〜に触る 098
tour [トゥール] (m.)
　順番、一周、回転 034 036
tourner [トゥルネ] 回る 012
tout [トゥー] (女性形 toute [トゥート]、
　複数形 tous [トゥー]、toutes [トゥート])
　すべての、すべて
 022 027 033 051 098 118
　tout de suite [トゥー・ドゥ・スュイット]
　　すぐに 049
train [トラン] (m.) 列車 024
très [トレ] とても 068
tricolore [トリコロール] 3色の 090
tu [テュ] 君は 049 068 069

U

uriner [ユリネ] 排尿する 110

V

velours [ヴルール] (m.)
　ビロード、柔らかい 075
venir [ヴニール] 来る 019 118
ventre [ヴァントル] (m.) 腹 026 029 111
vie [ヴィ] (f.) 人生、暮らし 055
viser [ヴィゼ] ねらいをつける 092
vouloir [ヴロワール] 〜が欲しい 068 069

135

著 者
酒巻 洋子（さかまき ようこ）

フリー編集ライター

女子美術大学デザイン科卒業後、渡仏して料理学校、ル・コルドン・ブルーに留学。帰国後、編集プロダクション、料理雑誌の編集部を経てフリーに。2003年、再度渡仏し、現在パリとノルマンディーを行き来する生活を送っている。ブログ「いつものパリ（paparis.exblog.jp）」にてパリのお散歩写真を、「ノルマン犬猫日記（normanneko.exblog.jp）」にてノルマンディーの日常写真を公開中。著書に「パン屋さんのフランス語」「お散歩しながらフランス語」「カフェでフランス語」「お花屋さんでフランス語」「ここからはじめるフランス語」「恋するフランス語」（以上すべて三修社）、「パリにゃん」「パリにゃんⅡ」「プチ・パリにゃん」（以上すべて産業編集センター）、「パリうさこ：パリジャン流うさぎのいる暮らし」（誠文堂新光社）など多数。

Remerciements à la famille Lepetit, à mes chats pour leur aide à la réalisation de ce livre.

猫とフランス語

2016年9月20日　第1刷発行

著 者　酒巻洋子
発行者　前田俊秀
発行所　株式会社三修社
　　　　〒150-0001 東京都渋谷区神宮前2-2-22
　　　　TEL 03-3405-4511　FAX 03-3405-4522
　　　　振替 00190-9-72758
　　　　http://www.sanshusha.co.jp/
　　　　編集担当　菊池 暁

印刷・製本　広研印刷株式会社

装丁・本文デザイン　秋田康弘

©Yoko Sakamaki 2016 Printed in Japan
ISBN978-4-384-05842-0 C0085

R ＜日本複製権センター委託出版物＞
本書を無断で複写複製（コピー）することは、著作権法上の例外を除き、禁じられています。
本書をコピーされる場合は、事前に日本複製権センター（JRRC）の許諾を受けてください。
JRRC ＜http://www.jrrc.or.jp　e-mail: jrrc_info@jrrc.or.jp　tel: 03-3401-2382＞